여름의 루돌프

여름의 루돌프

김성라

사계절

장마가 찾아오기 전,
아직은 한적한
초여름의 바닷가.

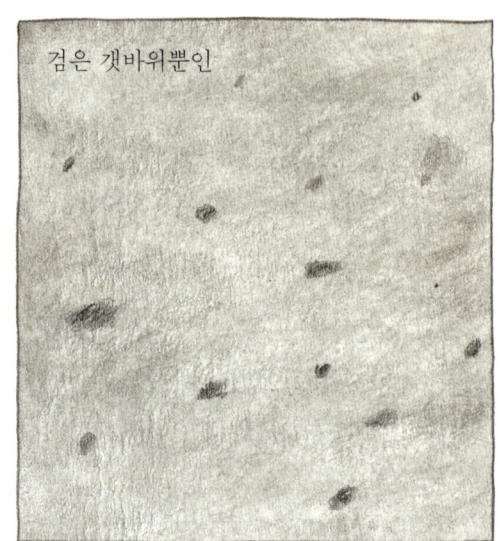
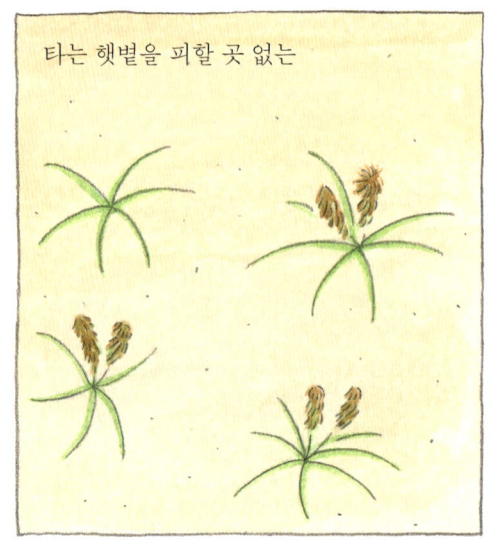

*나 강셍이 더 자주기게._내 강아지, 더 자지.

• 망사리: 해녀가 물질하면서 채취한 해산물을 담아 두는 그물주머니.
*아이고. 맛존 거 많이 먹어사켜._아이고, 맛 좋은 거 많이 먹어야겠네.
*네불라._내버려 두어라. *망가점수게._망가지고 있잖아요.

할머니의 베프, 순옥 할머니

"느 깅이죽 좋아허지? 낼랑 식당에 왕 깅이죽 먹으라이."

용선 할머니와 딸, 아들, 온 식구가 모인다.

• 깅이죽: 해녀들이 즐겨 먹는 여름철 보양식. 바닷게를 빻은 즙과 살, 쌀로 죽을 쑨다.
*낼랑 식당에 왕 깅이죽 먹으라이._내일은 식당에 와서 깅이죽 먹어라. 알았지?

*무사 영 느린고!_왜 이렇게 느리니!
*코시롱허지?_고소하지?

*잘도 하영 헷저게!_아주 많이 했네! *알앙 무시 거 허젠_알아서 뭐 할 거니? *아이고, 버치다._아이고, 힘에 부치다.
*눕지 말앙 우영팟에 강 야채 뜯엉 오라! 성게 비빔밥 헤 주크메!_눕지 말고 텃밭에 가서 야채 뜯어 와라! 성게 비빔밥 해 줄 테니까.

*아이고, 조랍다._아이고, 졸리다. *할머니! 어디 갓당 완?!_할머니! 어디 갔다 왔어? *밭에도 갓당 오곡 춘심이영 순옥이영 운동도 허곡 커피도 마시곡. 할망 경 한가한 줄 알암서?_밭에도 갔다 오고 춘심이랑 순옥이랑 운동도 하고 커피도 마시고. 할머니가 그렇게 한가한 줄 알았어? *아이고! 드라마 헐 시간 다 됏구나게._아이고! 드라마 할 시간 다 됐구나.

할머니! 어디 갓당 완?!

밭에도 갓당 오곡 춘심이영 순옥이영 운동도 허곡 커피도 마시곡. 할망 경 한가한 줄 알암서?

아이고! 드라마 헐 시간 다 뒛구나게. 테레비 틀라!

몇 번?

290번!

*메시꺼라._어머. •한줴기: 조수 간만의 차가 가장 적은 '조금'을 일컫는 제주어. 유속이 느려 물질하기 좋은 때로, 일주일씩 격주 간격으로 돌아온다. *가사주. 오늘부터 한줴기난 앞으로 일주일은 헤사주. 무사._가야지. 오늘부터 한줴기인데 앞으로 일주일은 해야지. 왜.

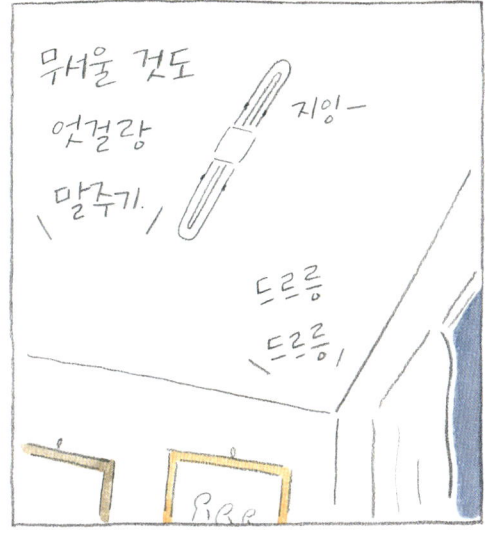

*고만 이시민 뭐 허느니._가만 있으면 뭐 해.
*무서울 것도 엇걸랑 말주기._무서울 것도 없다. 무섭긴 뭐가 무섭니.

*무서왕 가지카 가지카 할 때도 이섯주._무시워서 갈 수 있을까, 갈 수 있을까, 할 때도 있었지.
*그건 요나문 살 적 얘기고_그건 여남은 살 적 얘기고

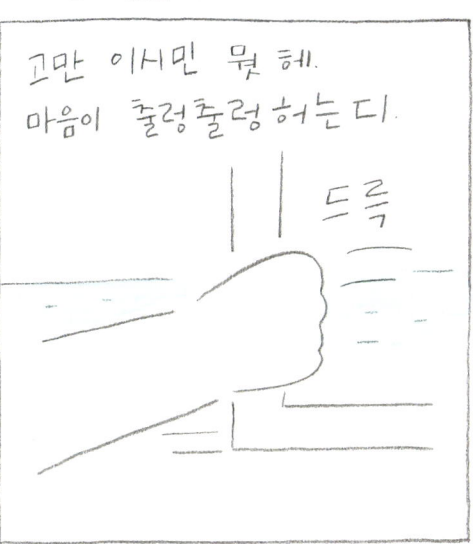

*멜 때_멸치 때 •숨비소리: 해녀들이 바닷물 밖으로 나와 참은 숨을 뱉을 때 나는 소리.
*그만허렌 허주만은 그만 헤져._그만하라고 하지만 그만 할 수 있어? *우미_우뭇가사리
•오분자기: 전복보다 작고 생김새가 비슷한 떡조개.

누게 보는 사람도 엇주만은
곱닥허게 화장도 허곡

고무옷 입고.

눈이영 테왁이영 망사리영
호맹이영 챙기고

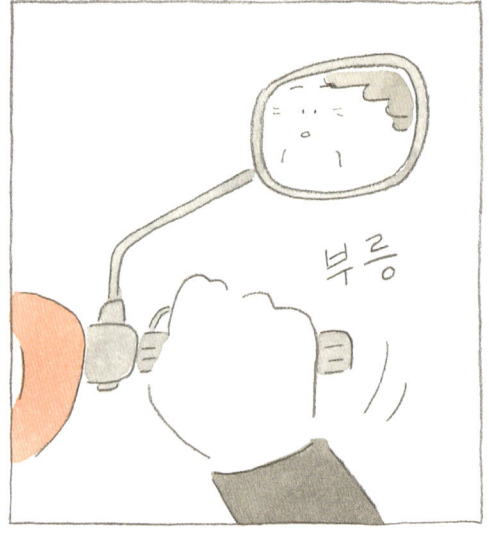

부릉

나가 봐사주.

*누게 보는 사람도 엇주만은 곱닥허게 화장도 허곡: 누구 보는 사람도 없지만 곱게 화장도 하고. •눈: 물안경을 이르는 말. •테왁: 부표처럼 물에 뜨는 바가지. 예전에는 박으로 만들었으나 근래는 스티로폼을 주로 이용한다. 테왁의 아래쪽에 망사리를 달아 쓴다. •호맹이: 호미와 유사한 도구로 바닷속에서 해물을 채취할 때 쓴다.

- 삼춘: 제주에서 웃어른을 부를 때 붙여 쓰는 호칭. *바당_바다
- 고넹이발여: 얕은 바다에서 썰물 때 보이는, 고양이 발처럼 생긴 바위. 제주 서쪽 강생이발여를 본떠 만든 가상의 공간이다.

*한 아름씩 조물고 싶지만_한 아름씩 건져 올리고 싶지만

나는 좋다.

*그 깨는깨는헌 손목으로 그림 그리젠 허믄 하영 먹어사주기._그 가늘가늘한 손목으로 그림 그리려면 많이 먹어야지.

*그만허렌 허믄 말 들을 할망이가?_그만하라고 하면 말 들을 할멈이니?

*60년 물질허멍 이제도록 살아신디_60년 물질하며 이제껏 살았는데 *경 쉽게 끊어져._그렇게 쉽게 끊어지겠니.
*그만헐 때 되민 가고정 허여도 못 가주기._그만할 때 되면 가고 싶어도 못 가지. *바당에만 가민 날아뎅인다._바다에만 가면 날아다닌다. *곰새기_돌고래 *나도이 아직도 훤허주기._나도 아직도 눈에 선해.

눈을 감으면 곰새기, 거북이 헤엄치는 바다가
선하다고 했다.

바람에 맞춰 물때에 맞춰 평생을 살아온

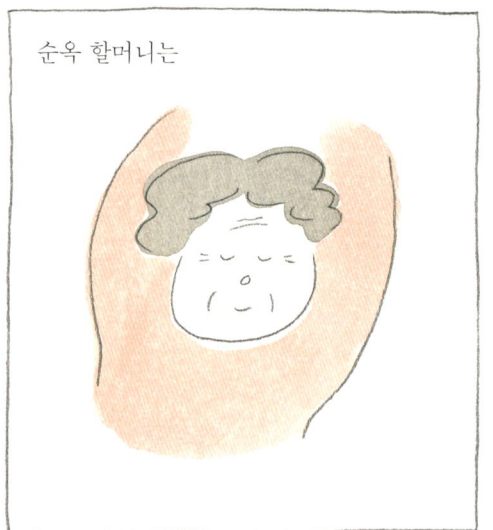

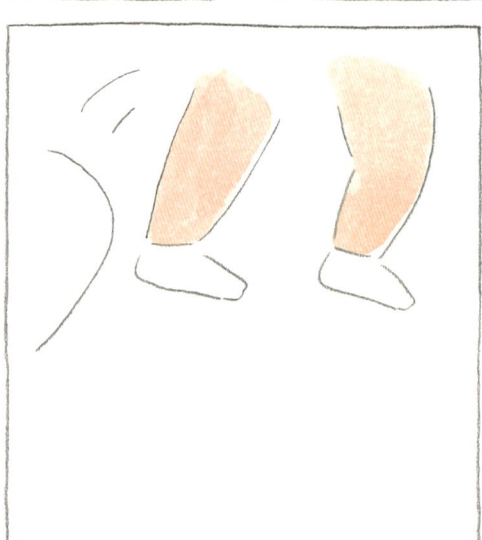

• 물숨을 먹다: 물속에서 숨을 참지 못하여 물을 먹고 죽음에 이르는 걸 말한다. 해녀들의 금기어이다.
*오늘도 물숨 먹지 안 허게 잘 좀 부탁헴수다._오늘도 무사하게 잘 좀 부탁합니다.

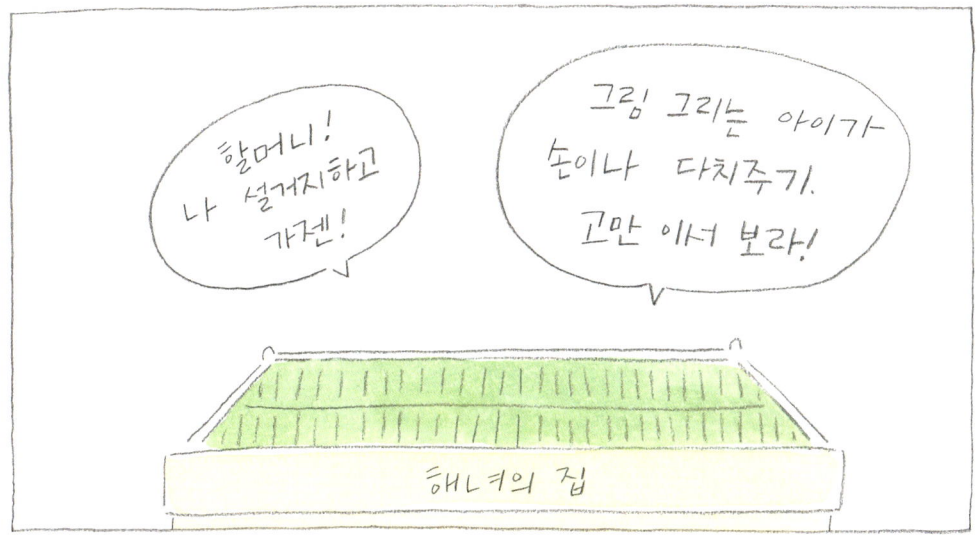

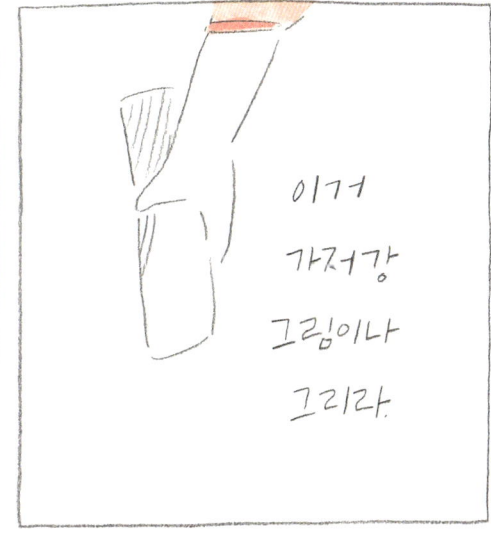

*손이나 다치주기. 고만 이서 보라!_손이나 다치지. 가만있어 봐! *여기 어디 이서라만은._여기 어디 있었는데.
*이거 가저강 그림이나 그리라._이거 가져가서 그림이나 그려라.

*할머니 바당 감저. _할머니 바다 간다.
*바당에랑 나오지 말앙 그림 그리멍 놀암시라이. _바다에는 나오지 말고 그림 그리며 놀고 있어라. 알았지?

바당도이
파랑케 보여도
안에 들어강 보민
달른다.

거멍키도 허고
투명허기도 헌다.

*바당도이 파랑케 보여도 안에 들어강 보민 달른다._바다도 파랗게 보여도 안에 들어가서 보면 다르다.
*거멍키도 허고_거멓기도 하고

*큰눈 주크메 들어가 보젠?_물안경 줄 테니까 들어가 볼래? *쑥으로 영 닦으민 김이 안 낀다._쑥으로 이렇게 닦으면 김이 안 낀다. *멀리 가지 말앙 발 닿는 이 조꼬띠서만 허라이._멀리 가지 말고 발 닿는 이 가까이에서만 해라. 알았지? *나 조름에만 따르고이._내 꽁무니만 따르고, 알았지?

*돌 잡고 가당 이추룩 소라도 잡곡 성게도 잡곡._돌 잡고 가다가 이렇게 소라도 잡고 성게도 잡고.
*잘도 쉽지?_아주 쉽지?

연철을 차도 바다에 있는 돌을 잡는 게 하나도 쉽지 않았지만

알 수 있었다.

파도가 센 날은 물 밑이 캄캄하고

맑은 날은 물 밑이 투명하다는 걸.

이쪽은 하늘빛

또 이쪽은 초록빛

• 연철: 잠수를 돕기 위하여 허리에 차는 쇠 벨트.

일렁이는 물결의 그림자

하얗게 빛나는 멸 떼

길쭉하고 파랗거나

니모를 닮은 물고기

파랗게 평평하게만 보이던 바닷속에서 살아가는 것들.

그리고 물 위에 둥실둥실 누워서 바라보는 하늘.

나 흐름에만 따르라이.

돌을 잡아사 앞으로 갈 수 이서.

아이고, 잘 헴저. 뒛저, 뒛저.

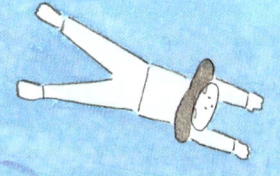
호이 - 호이 -

할머니는 아침에 일어나 바람이 순하면 콧노래가 나오고
사나운 바람이 불고 어둑하면 부에가 확 난다고 했다.

오늘은 할머니 부에 나는 날.

• 부에: 분한 마음인 '부아'를 이르는 사투리.

하지만 나는 왠지 크리스마스 아침의 어린이가 된 것처럼 설레는 날.

"순금이 시냐?"

"어— 오란?"

"손지 주렌 문어영 전복이영 가정왓저."

*순금이 시냐?_순금이 있니? *오란?_왔니?
*손지 주렌 문어영 전복이영 가정왓저._손주 주라고 문어랑 전복이랑 가져왔어.

믹스커피를 마시고

*아이고, 잘 탓저._아이고, 잘 탔어.
*전복이영 팍팍 노라게._전복이랑 좀 팍팍 넣어.

해물라면을 끓여 먹고 나니

바람이 잦아들었다.

*걸으레 가카._걸으러 갈까?
*아이고, 배 버치다._아이고, 배불러 힘들다.
*글라, 글라._가자, 가자.

*스쿠타 느가 몰아보젠?_스쿠터 네가 몰아 볼래? *무사 느 허는 일 허젠 허믄 운전헤사 좋지 안 허여? 왜 너 하는 일 하려면 운전해야 좋지 않아? *나가 고르쳐 주카?_내가 가르쳐 줄까? *이디_여기 *이거 올령 저쪽에 딱 잡아그네 시동 버튼 눌렁 앞에 뭐 신가 어신가 보곡._이거 올리고 저쪽 딱 잡아서 시동 버튼 누르고 앞에 뭐 있나 없나 보고.

*게메._그러게. *콩국수 먹으레 가크메!_콩국수 먹으러 갈 테니까! *멩심허라이!_명심해라!

커브 길을 돌았더니 나타난

수국길.

할머니 집엔 에어컨이 없지만

 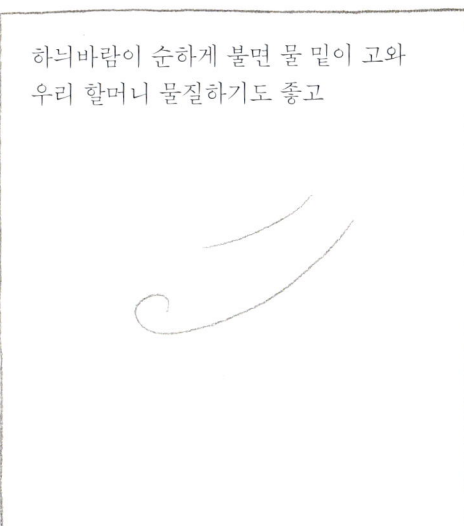

할머니의 북쪽 방엔 하늬바람이 불어온다.

하늬바람이 순하게 불면 물 밑이 고와 우리 할머니 물질하기도 좋고

그냥... 기분도 좋다.

• 하늬바람: 북풍. 표준어에서는 '서풍'을 이르지만, 서귀포 등지에서는 북풍을 뜻한다. 지역에 따라 차이가 있다.

*이거 무시거 왔저!_이거 뭐 왔어! *헬멧 쓰난 잘도 곱곱허다._헬멧 쓰니 아주 갑갑하다.
*써야 뒏덴 헴시네._써야 된다고 하잖아. *순옥이 울엄샤?_순옥이 우니?

여름의 배웅은 여름의 루돌프.

우리 비행기는 잠시 후 김포 공항에 도착합니다.

오픈한 지 얼마 안 된 치킨집의

손으로 써 붙인 아귀찜, 김치찌개

달려 나가는 사람들을 본다.

그러면 나의 마음도

바다 앞의 할머니 마음처럼 출렁인다.

톡

토도독

아주 작은 물방울 하나가

하늬바람이 부는 날이면 우리 모두가 북쪽 방에 눕는 걸 좋아했다.
여름방학이 아니어도 여름방학인 것처럼 좋은 날이었다.
그곳에 누워 여름잠을 자고 일어나 바다로 나가면
햇볕에 데워진 갯바위, 샤각샤각 놀라 달아나는 깅이, 언덕을 이루는 순비기,
손을 잡고 파도를 타는 사람들, 저만치 밀려났다가 다시 밀려오는 물결,
그리고 모래를 털고 일어나 다시 돌아갈 수 있는 북쪽 방이 있었다.
우리 모두의 여름에 하늬바람이 불어오는 북쪽 방이 있다면 좋겠다.

김성라
그림책 『고사리 가방』 『귤 사람』, 에세이 『쓸쓸했다가 귀여웠다가』를 쓰고 그렸고,
『고르고르 인생관』 『우리에게 펭귄이란』 등 여러 책에 그림을 그렸습니다.

여름의 루돌프
ⓒ김성라, 2023

2023년 7월 10일 1판 1쇄
2023년 8월 10일 1판 2쇄
글·그림 김성라 **편집** 김진, 백승윤, 김재아, 박지현 **디자인** 권소연
제작 박흥기 **마케팅** 이병규, 양현범, 이장열, 김지원 **홍보** 조민희
스캔 EPS스캔 **인쇄** (주)로얄프로세스 **제책** 책다움
펴낸이 강맑실 **펴낸곳** (주)사계절출판사 **등록** 제406-2003-034호
주소 (우)10881 경기도 파주시 회동길 252 **전화** 031)955-8588, 8558
전송 마케팅부 031)955-8595 편집부 031)955-8596
홈페이지 www.sakyejul.net **전자우편** picturebook@sakyejul.com
블로그 blog.naver.com/skjmail **인스타그램** sakyejul_picturebook

값은 뒤표지에 적혀 있습니다. 잘못 만든 책은 구입하신 서점에서 바꾸어 드립니다.
사계절출판사는 성장의 의미를 생각합니다.
사계절출판사는 독자 여러분의 의견에 늘 귀 기울이고 있습니다.
이 책은 저작권법에 따라 보호를 받는 저작물이므로 무단전재와 복제를 금합니다.
ISBN 979-11-6981-147-7 07810